Hitta SINNET

Skriven av Ziji Rinpoche
www.shortmomentsforkids.com

Illustrerad av Celine Wright
Serie: Lär känna sinnet nr. 3

Copyright © 2021 Short Moments for Kids (*Korta stunder för barn*)
Titel på originalspråk: 'Find Mind'

Svensk översättning © 2022

Alla rättigheter förbehållna.

Ingen del av denna publikation
får reproduceras eller distribueras i någon form
utan föregående skriftligt medgivande från utgivaren.

Text © 2021 Ziji Rinpoche
Illustrationer och omslagsdesign © 2021 Celine Wright

Bok nr 3 i serien "BeginningMind" (*Lär känna sinnet*)

Inbunden bok ISBN: 978-1-915175-32-8
Pocketbok ISBN: 978-1-915175-31-1
E-bok ISBN: 978-1-915175-40-3

http://shortmomentsforkids.com

Short Moments of Strong Mind
for Kids

Dedikerad till... dig!

Träna ditt starka sinne när du har stormiga känslor
för ditt starka sinne är alltid lyckligt, lugnt
och fullt av kraftfull godhet.
Ditt starka sinne är alltid där för att hjälpa dig.
Ditt starka sinne tillhör dig och ingen kan ta det ifrån dig!
Det tillhör dig!

Visste vi vad kroppens alla delar kallades när vi var bebisar?

Nej! När vi är bebisar
vet vi ingenting.

Vi lärde oss att gå när vi var bebisar,
ett steg,

sedan ett steg
till och nu kan vi gå hela tiden.

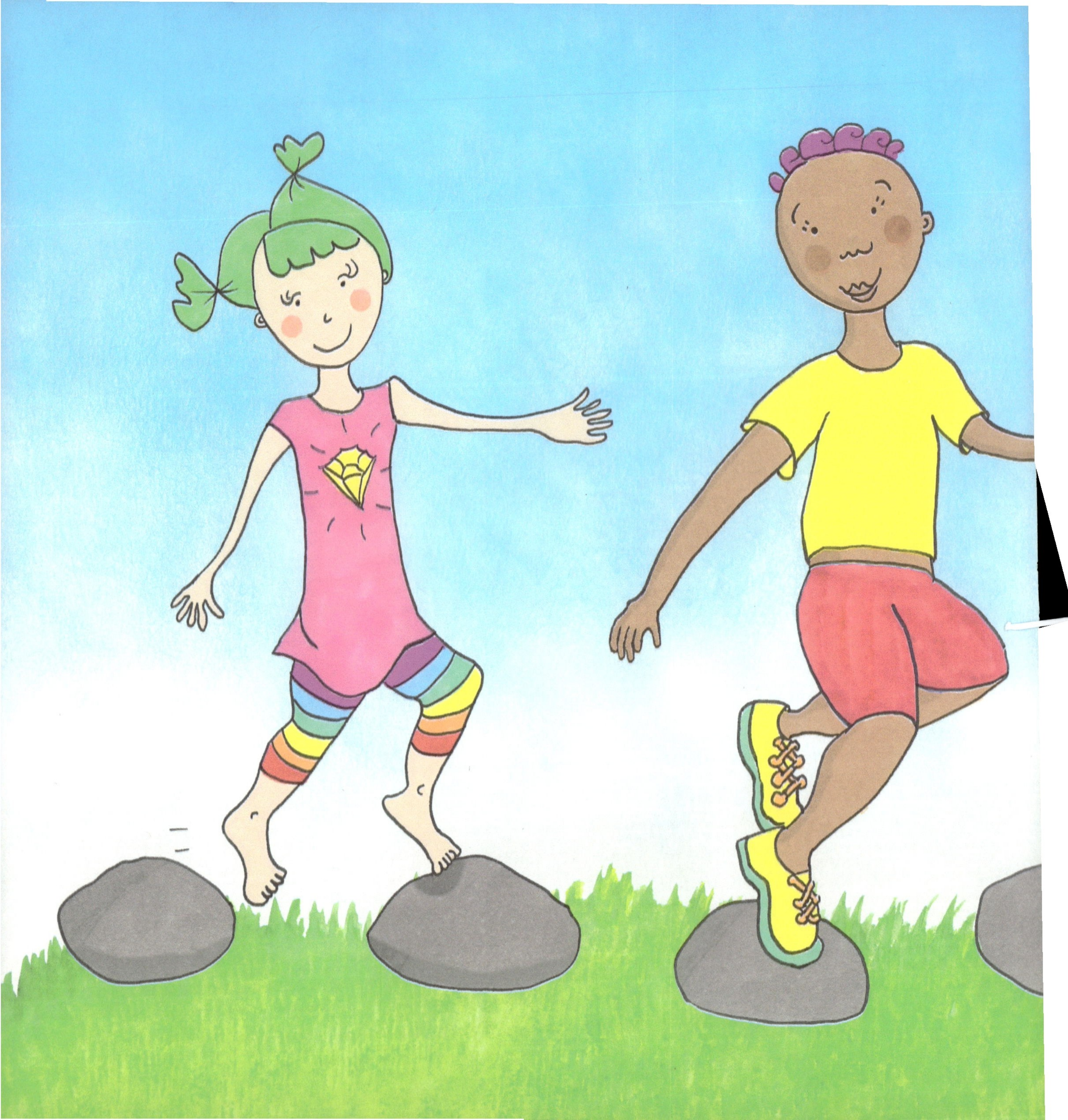

Nu är du stor
och vet vad
kroppens delar
heter.

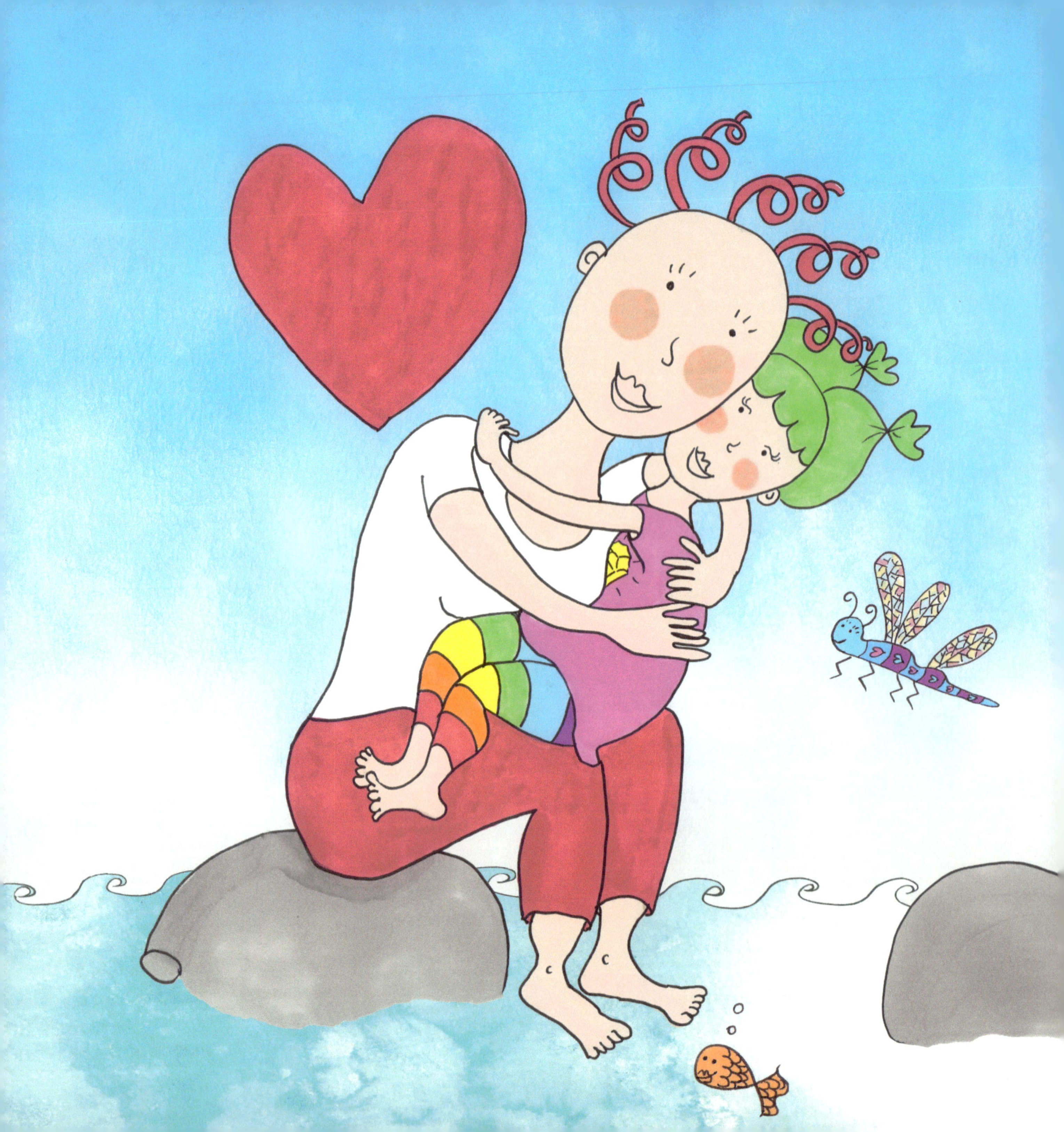

Att vara stor
är väldigt speciellt
eftersom du kan
lära dig om ditt sinne.

När du lär dig
om sinnet blir du
gladare och gladare.

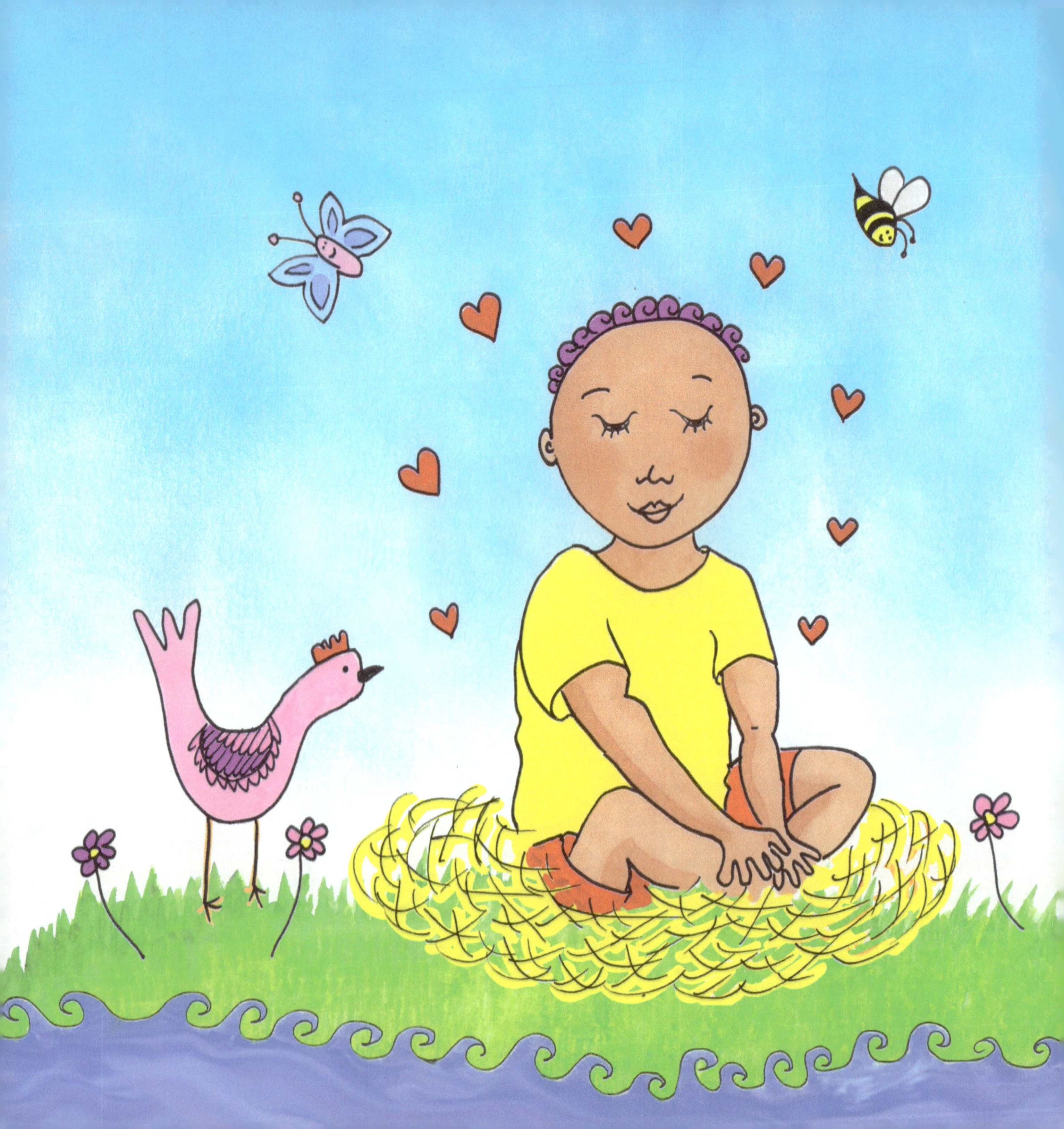

Det bästa sättet att lära dig
om ditt sinne kallas "meditation".

Vad behöver du veta
om sinnet?

Vi måste veta att sinnet är det
enda sättet att vara lycklig på.

Vi måste veta att sinnet
är det enda sättet att vara snäll på.

Sinnet säger till oss
att vi är lyckliga.

Sinnet säger åt oss
att vara snälla.

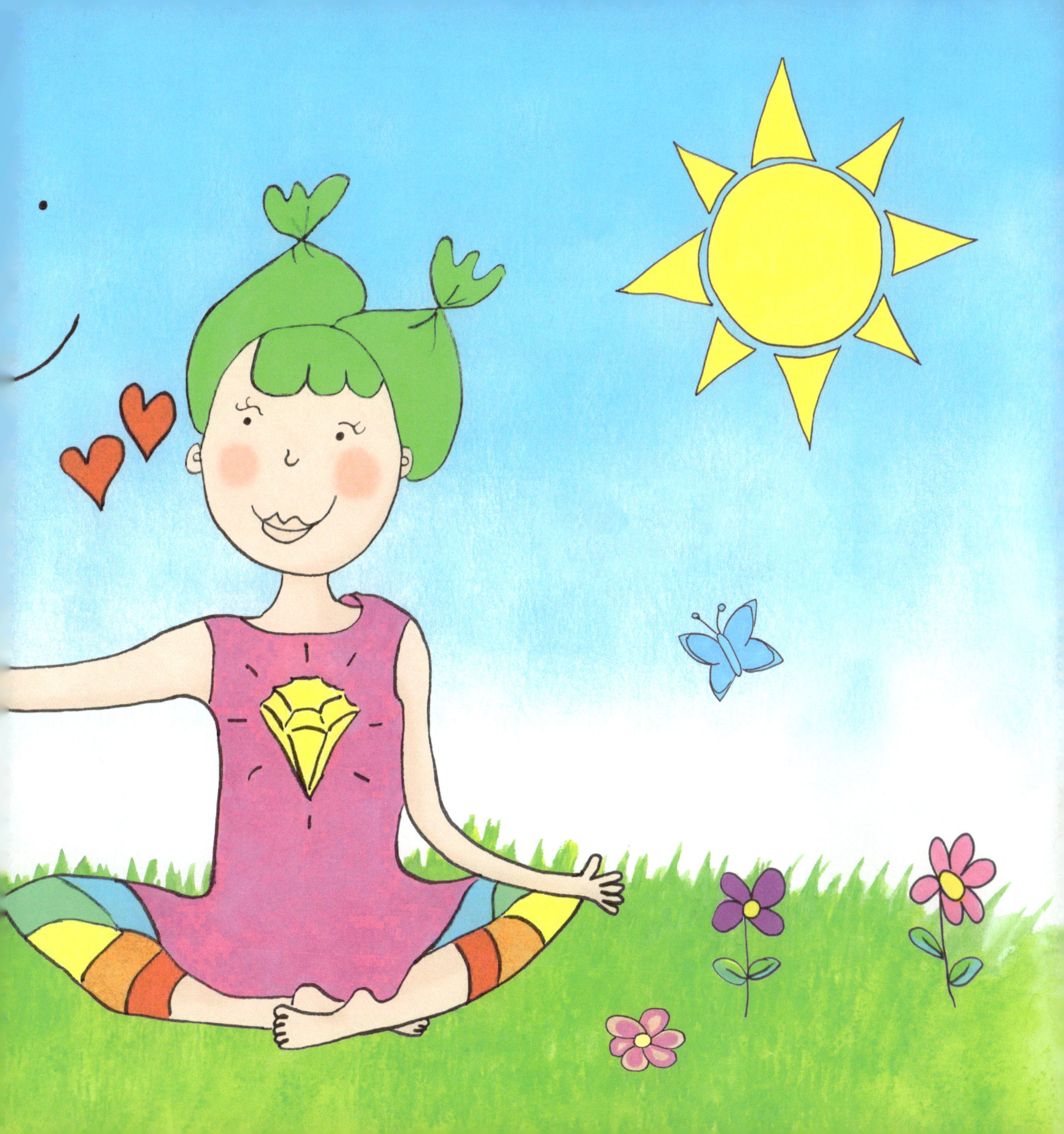

Utan sinnet
skulle vi
inte veta hur
vi kan vara lyckliga.

Utan sinnet
skulle vi
inte veta hur
vi ska vara snälla.

Sinnet talar om
för din kropp
vad den ska göra.

Sinnet berättar för ditt
tal vad du ska säga.

Leksaker
kan inte göra oss lyckliga.
De är roliga.

Men bara sinnet
har lycka.

Så när du mediterar lär du dig

att vara glad hela tiden.

När du lär dig
om sinnet genom meditation,
blir du gladare och gladare,
och du blir snällare och snällare.

När du mediterar
lär du dig lycka
och vänlighet och styrka!

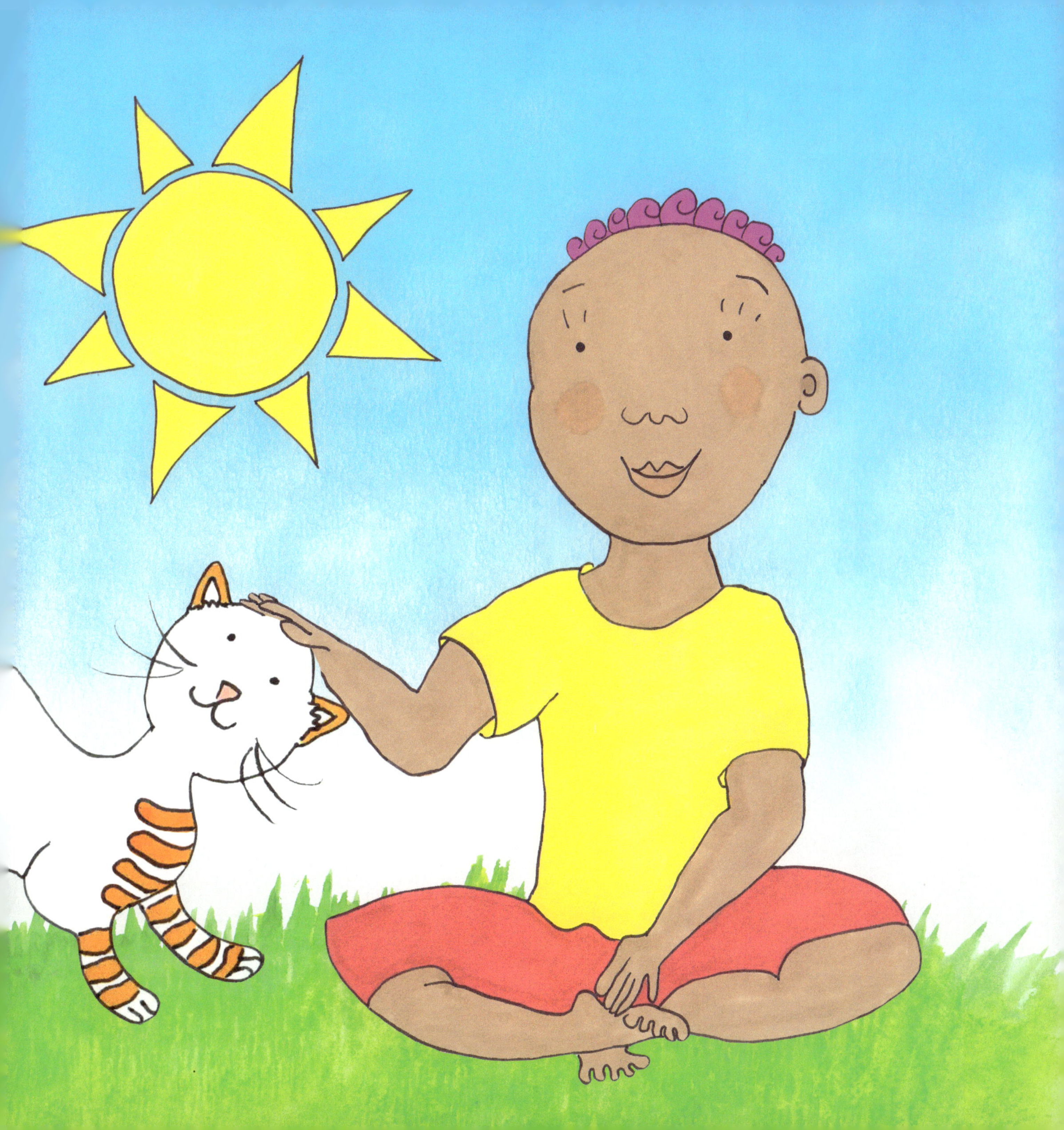

Den största styrkan
finns i sinnet.
Precis som himlen,

finns lycka och
vänlighet överallt
i sinnet.

Lycka och vänlighet är som blommor på ett fält. När du mediterar, i korta ögonblick,

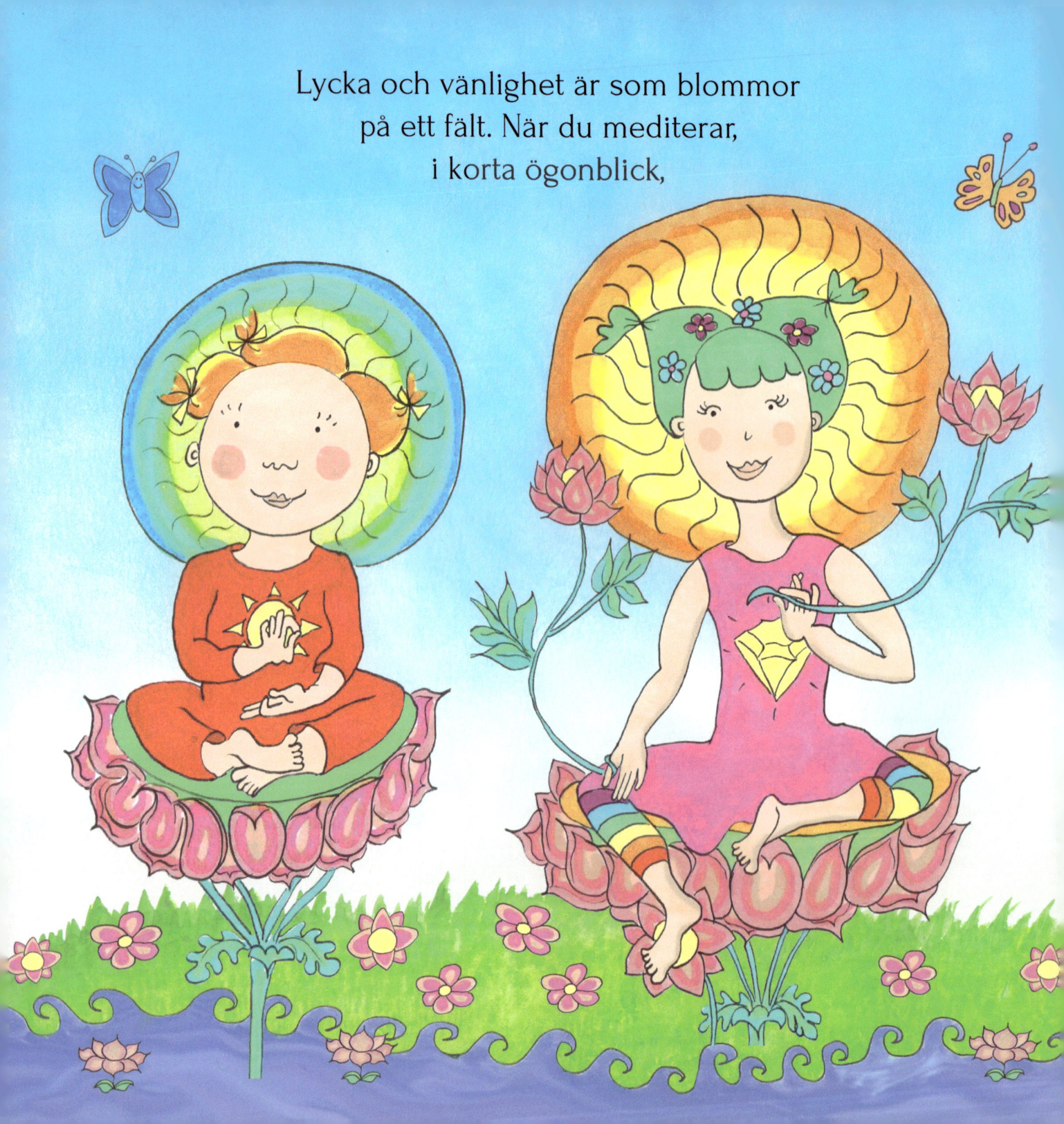

upprepade många gånger,
som blommor som sprids på ett fält, sprids
din lycka och vänlighet och styrka överallt.

Vi ses nästa gång
för ett nytt äventyr!

Författaren Ziji Rinpoche och hennes lärare Wangdor Rimpoche

Ziji Rinpoche älskar att undervisa och skriva och hennes senaste bok heter 'When Surfing a Tsunami...'. Ziji Rinpoche är efterträdaren till Dzogchenlinjen efter vördnadsvärda Wangdor Rimpoche. Varje metafor och nyckelinstruktion kommer från Dzogchenläror som förs vidare från en lärare till nästa, som en gyllene bergskedja.

Wangdor Rimpoche bad Ziji Rinpoche att främja Dzogchen inom dagens globala kultur. Ziji Rinpoche skapade Short Moments onlinegemenskap för ömsesidigt stöd i att lära sig om sinnets natur. Genom appen Short Moments kan alla få tillgång till djupgående och kraftfulla Dzogchenträningar. Läs mer på http://shortmoments.com

Illustratören Celine Wright

Celine älskar att rita, stärka och stötta barn och berätta historier. När hon introducerades till sinnets natur av Ziji Rinpoche var hon förundrad över sinnets kraft, öppen som himlen, alltid klar och rik på visdom oavsett stormiga känslor. Hon insåg att hon skulle ha älskat att lära sig om sinnet som barn. Hon inspirerades att illustrera träningarna i barnböcker som introducerade starkt sinne för barn. Genom att kombinera sin konstnärliga kandidatexamen och sin masterutbildning i scenkonst med Dzogchen (student hos Ziji Rinpoche sedan 2007) och Early Years (barnskötare), undervisar Celine nu Dzogchen för barn, håller bokläsningar på skolor och festivaler och älskar att illustrera nya böcker på http://shortmomentsforkids.com

Du hittar fler böcker i vår serie
"Lär känna sinnet" eller vår "Pärlsamling",
utbildning för hjärtan och sinnen på
http://shortmomentsforkids.com

Anmäl dig till vår e-postlista för att få en gratis e-bok!

Du är varmt välkommen att lämna en recension.
Det hjälper andra att upptäcka skatterna hos korta stunder i sina liv.

På vår hemsida hittar du ljudböcker, en blogg om att stödja barn att lita på sitt starka sinne när de har stormiga känslor samt information om våra veckovisa Dzogchenkurser för barn via zoom.

Sociala medier: @short_moments_for_kids

Milton Keynes UK
Ingram Content Group UK Ltd.
UKHW050614201223
434693UK00003B/12